AF485523